Naiem Ahmadinejadfarsangi

Una hermosa historia de amor

Naiem Ahmadinejadfarsangi

Una hermosa historia de amor

Ali Aghamahani, un hombre que estaba enamorado

JustFiction Edition

Cover image: www.ingimage.com

Publisher:
JustFiction! Edition
is a trademark of
Dodo Books Indian Ocean Ltd. and OmniScriptum S.R.L publishing group

120 High Road, East Finchley, London, N2 9ED, United Kingdom
Str. Armeneasca 28/1, office 1, Chisinau MD-2012, Republic of Moldova, Europe
Printed at: see last page
ISBN: 978-3-659-70019-4

Una hermosa historia de amor

Naiem Ahmadinejadfarsangi

Table of Contents

ella era hermosa en la noche

Bajo la luz de la luna

Cintas bailaban en su cabello

Y el viento se reía a su lado

Por los caminos llenos de estrellas

El estaba brillando intensamente

Y el vuelo de los pájaros me recuerda

que hermoso era

"Ella " ...

Segundo

Toma mi mano y olvida el mundo

Te querre

Mírame a los ojos y ve el sueño de los dos

Juntos conquistaremos y alcanzaremos el cielo

Sin ceño fruncido ni lágrimas, solo sonrisas y risas.

Déjame colmarte de cumplidos,

Tus ojos brillan como estrellas

Y tu sonrisa brilla como el sol.

Solo estamos en nuestra primera temporada.

Pero nuestra historia de amor acaba de empezar.

Ahora toma mi mano y olvida el mundo

Te amaré como nunca antes he amado.

Tercero

Era vulnerable antes de encontrarte

Perdido en los callejones solitarios de mi corazón

Te ame desde la primera vez que te vi

Y la felicidad nació de mi pasado sin sentido

Los ángeles se rieron.

Un sueño interminable de rosas rojas.

Me miraste con tu mirada frágil

te mire con alma

Y entonces nuestra historia comenzó

Y todavía continúa

Un momento oscuro espontáneo

Y luego la chispa que me llevó a ti.

Cuatro

El día se rompe ante mis ojos

Recuerdo desde mi ventana

Tu brillante sonrisa cuando me mirabas

tus ojos son azules

Y sé que nunca amaré a otro

Llenas mi corazón y mis pensamientos

pienso en ti cada segundo

no recuerdo el resto

soy todo tuyo

Cree en mí, soy tuyo

En el espejo, mi reflejo me sonríe

me encontre gracias a ti

Te di mi corazón y mi alma

Mírame

Como empezó nuestro amor

Nacido de una flor

Como una rosa en el amanecer

Encendió una llama única y dulce en mi corazón.

Y como un ángel

Aterrizó a mi lado.

Con toda esta pasión y amor

mi cielo es tu sonrisa

Mi llama es tu mirada

tu eres mi hada

Iluminación de mi día a día.

no sabia que me encontraria algun dia

¡Alguien como tú, una criatura legendaria!

no sabia que existia el amor

Y lo hermoso y lo grande que podría ser

Nunca creí en historias interminables

Tampoco amaba las novelas llenas de felicidad

Sin embargo, cuando me crucé en tu camino

Sentí mi pequeño corazón latir.

Oh, qué dulce y durará para siempre

El amor que siento por ti.

Lo juro por la tierra y el cielo

Que te amo por siempre.

ya no puedo vivir sin ti

eres un angel que ilumino mi vida

eres mi gloria, mi fuerza, mi alegria

Y el único amor verdadero de mi vida.

el sexto

Si yo fuera poeta

Encontré palabras y con ellas palabras

Yo canto mi corazón está lleno de amor por ti.

Si yo fuera un compositor

Solía cantar estas hermosas canciones para ti

Hablando de amor y liberando el corazón

este corazón amoroso y encarcelado

De este amor y este interés

Si yo fuera escritor

Mis novelas serán todas iguales

Para describir tu vitalidad y belleza.

pero solo estoy aquí

Lleno de amor y vacío de palabras.

Pero quiero decirte de todos modos

Esa es mi necesidad e interés en ti.

es un hecho y una realidad

Y por amor... te amo

Te amo desde el fondo de mi corazón

te amo hasta el ultimo suspiro

Te amo en el susurro de las alas de un pájaro

Te amo como un volcán que escupe su ira

Te amo más allá de la eternidad

Te amo desde el amanecer hasta el atardecer

Te amo en mis noches sumergido en poesía

Te amo en presente, pasado y futuro

te amo en la eterna primavera

Bajo el suave cielo primaveral

En blanco lila

En la dulzura de las rosas...

te amaré en el canto de los pájaros

A la sombra del follaje frágil

Sobre roca desnuda y caliente

en el sol ardiente

En la emoción de la hierba

Y el grito del insecto...

te amare dia y noche

En paz y tormenta

Bajo la estrella de la vigilia

En las brumas de la tarde

y mañanas cubiertas de rocío

En sonrisas y lágrimas

te amare con todas mis fuerzas...

Me gustas

Mientras los pájaros canten

Mientras los peces sean capaces de nadar.

Mientras el sol brille

Te amaré en la oscuridad o en la luz.

Mientras el viento siga soplando

Mientras las olas del océano rugen

Mientras las estrellas brillen

Harás de mi corazón tu esclavo.

Mientras dure la vida

El cielo es azul

Mientras los planetas giren

Mi amor estará contigo para siempre.

Quiéreme

Ámame en la primavera cuando todo es verde y nuevo.

Ámame en el verano cuando el cielo es tan azul.

Ámame en el otoño cuando las hojas se vuelven marrones.

Ámame en invierno cuando nieva.

Ámame cuando estoy feliz e incluso cuando estoy triste.

Ámame cuando estoy bien, o cuando estoy muy mal.

Ámame cuando soy hermosa, o cuando luzco ordinaria

Ámame cuando me sienta bien o cuando tenga dolor.

Ámame siempre, bajo la lluvia o bajo el glorioso sol.

Escribiré un nuevo poema para ti esta noche.

Para ti mi tierno amor, diosa de mis noches

Siento la lava subiendo en mí

Como una hoja muerta levantada por el viento

Nuestros recuerdos siguen sin fin

Bebiendo tus palabras atraigo mis deseos

Sostén mi amor, abrázame demasiado tiempo

Quiero vivir y morir lentamente contigo

te amare hasta los ultimos dias

El resto de mi vida será solo amarte

Y mi amor durará para siempre.

Octavo

Te conocí completamente por accidente,

Nuestros destinos están unidos para siempre...

el solo miro

Saber que mi sueño se está haciendo realidad...

Me hiciste la persona que soy ahora

Transformando mi vida y mi corazón...

supiste multiplicar mis sentimientos,

Y llévame a la felicidad...

Hoy estoy siempre a tu lado

Y mi corazón late tan fuerte como la primera vez...

No cambies nada, mi princesa, mi hada

Mi amor por ti es inquebrantable.

Novena

Con la fuerza de los brazos

Hiciste un lugar

Donde vengo a buscar refugio

Cuando la vida me molestaba.

Con la fuerza de tus manos

Hiciste un camino

Esto me trae de vuelta a ti

cuando me confundo

por el poder de tus ojos

Tu pintas mi cielo azul

Tan pronto como mi vida se vuelve gris

Y mis ojos están llenos de lluvia

por la fuerza de tu sonrisa

Iluminas el futuro

a la fuerza de tu corazón

Me haces feliz

y ya no le tengo miedo a nada

por la fuerza de tu amor

iluminas mis noches

Y dibujas un paraíso

Donde quiero pasar mi vida.

Si el amor fuera un viento

seré la brisa que acaricia tu cabello

El aire que sustenta tu vida.

Si el amor fuera agua

seré el sabor que corre por tu cuerpo,

Diseñando una hermosa obra de arte en tu piel.

Si el amor fuera fuego

Seré la llama que te mantiene caliente.

Si el amor fuera la tierra

Seré tierra fértil rica en oro y diamantes.

Pero no soy viento, no soy fuego

Pero estoy hecho de agua y tierra y el amor es para mi

te amo tanto como a mi vida

Me muestras tus hermosos ojos...

Mi corazón está ardiendo de alegría y emociones.

Me olvido del mundo, del pudor y del tiempo

Estoy perdiendo la mente

Deslumbrando con tu dulce sonrisa

No puedo reprimir mi deseo

Te susurro que eres una leyenda,

Has derretido mi bondadoso corazón.

Me gusta el placer de tus besos...

Escucho tu voz emocionada y agradable...

Me abrazas... gimo... tiemblo...

¡Estoy en el umbral del cielo!

Nuestros dos cuerpos se fusionan y se vuelven uno...

yo soy tuyo y para siempre tu eres mio

Es la cumbre del placer, la paz y la felicidad...

Nuestro amor ha conquistado todas las fronteras y todas las leyes.

Undécimo

Tus ojos tienen algo mágico.

Un resplandor divino, una flor erótica.

Cuando te veo, todo es rosa, hasta las nubes...

beso la felicidad en tu cara

Tus ojos son del color del sol.

Son dos cuevas de maravilla

Tus ojos son más hermosos que el cielo.

Este es un mundo eterno

Sin tu mirada suave y glamorosa

No sé a dónde ir y cómo sobrevivir

porque tus ojos me dan fuerza y razon

Aunque me emborrachen.

Si la tierra se desmorona, si el sol desaparece,

Si el mar se seca con todas sus escamas,

Sé cómo reconstruir el mundo entero

Solo en tu mirada encuentro las llaves

Descubro la vida real en tus ojos

El sabor del cielo y las alegrías de estar enamorado.

Tus ojos son los diamantes más puros.

Entiendo tus secretos más íntimos, tus sentimientos.

Sé cuando tienes dolor y cuando tienes miedo

Leo en tus ojos lo que escondes en tu corazón

Tu mirada es la novela más atractiva disponible

Vivo allí, tengo aventuras, está lleno de felicidad y esperanza.

Me inspiras con innumerables poemas.

Cuando estoy muy adentro, entiendo que me amas

Tus ojos son mi tesoro más querido.

Las piedras más preciosas de la tierra.

Porque puedo confesarte en tus ojos

Lo que no me atrevo a decirte en persona

Tus ojos son los ojos más bonitos del mundo.

Cuando los encuentro, todo se detiene, incluso segundos...

Tu mirada es el océano de la gloria

Aprendo en tus ojos lo que mi corazón no sabe

Tus ojos son las estrellas de mis días.

tu mirada es el sol de mis noches

Eres el sueño de mi vida.

Tus ojos son pétalos de amor.

duodécimo

si todavía me amas

Despliega las velas y toma el gran mar

Buscaremos un cielo nuevo, una tierra nueva

Allí, donde el amor es posible, allí podemos hacerlo todo de nuevo

si todavía me amas

derrama tus lágrimas y riega todos los desiertos

Plantamos una nueva semilla para que todo sea verde

Donde los veranos calurosos pueden convertirse en inviernos templados

si todavía me amas

Vuelva a encender nuestras dos estrellas errantes

Caminaremos bajo su buena luz como antes

Allí, donde un "te amo" puede estremecer al mundo entero.

Sentado en el borde de la ventana

Admiro esta estación y su magia.

Madre naturaleza, como un pintor

Pintó las hojas del color del amor.

Y nos hace escuchar el suave viento

El viento nos canta su melodía

Y pienso en tí

A esos gratos momentos pasados a tu lado

Esto es cuando me entero

que amo

No pensé que podría sentir más

Esta sensación de ligereza es agradable.

Pero gracias a tu amor por fin vivo de nuevo

Y soy feliz cerca de ti

Por primera vez en mi vida

Estoy listo para volar con los ojos cerrados

como un pájaro libre

A quien hemos dado nuestra dulce libertad

Deja esta jaula incómoda y asfixiante

sin mirar atras

Para descubrir las maravillas de la vida desde otra perspectiva

Y no te preocupes más por eso.

Ahora estamos construyendo en silencio nuestro nido de amor. Vivir allí juntos y para siempre

eres mi libertad, eres mi alegria

Eres mi otra mitad que extraño tanto

Te amo y te amaré por siempre.

el decimocuarto

Eras como una flor que me ahogaba con tu ternura

Como la crecida de un río que siembra verdor en medio del desierto.

Encontré la vida como una rama en primavera

Después de un largo sueño en la tierra de las noches interminables

Donde reina el hielo.

Tu calor derritió esta capa de hielo

El caparazón que aprisionó mis sentidos

tú me despertaste

florecí como una flor bajo la gloria de tu sonrisa

Gracias mi amor por darme la bienvenida a tu dulce país de las maravillas por darme tu corazón .

decimoquinto

Intento escribir tu nombre en la oscuridad

trato de escribir te amo

Trato de decir todo esto en la oscuridad

no quiero que nadie sepa

Nadie me mira a las tres de la mañana

Camino de un lado a otro de la habitación.

Loco, lleno de ti, enamorado

Digo tu nombre en todo el silencio de la noche

Mi tonto corazón lo grita.

Repito tu nombre, lo vuelvo a decir

digo incansablemente

Y estoy seguro de que la noche romperá.

el decimosexto

Amarte era un secreto

que tengo guardado dentro de mi

sin decir cuanto te amo

no escribí poemas ni canciones

Solo sufrí, sin llanto ni dolor.

decimoséptimo

Para siempre...

Tendré la luz de tus ojos para iluminar los caminos de mi corazón.

Tu sonrisa será la luz que guíe mi alma inquieta por nuestros senderos de andar.

Ato mis manos a las tuyas, aunque no podamos caminar juntos... pero estoy a tu lado.

Para siempre...

Miraré a las estrellas, y allí veré tu rostro, como la más bella verdad, que en todo su esplendor también está dentro de mi corazón.

ellos brillan Soñaré contigo... todos los sueños con los que vives sí

Para siempre...

Te amaré como la rosa más preciosa del jardín plantada en mi alma.

Y cuidaré de ti, como el tesoro más preciado que proviene de los sentimientos dados por Dios.

Escribiré un poema... y ese poema serás tú

Y ese verso... serás

Y serás mi mundo entero

Para siempre...

Seré tus pies... y tú serás mi alma

Y te llevaré en mis brazos mientras Dios me da fuerzas.

Para siempre...

Te querre .

Perdido en el camino del amor, camino en el amor injusto y prohibido que condena mi corazón al lago de las lágrimas. Un amor traidor que me encadena al sufrimiento eterno.

Todavía camino, cuando las piedras pequeñas me lastiman los pies, camino como un tonto, incluso cuando no hay agua para saciar mi sed.

Una sed que solo el amor puede saciar, aunque sea un niño miserable voy encadenado a mi sueño eterno y no hay vuelta atrás.

Y los espejismos tratan de engañar mi conciencia con placeres traicioneros. Veo damas de piel blanca que mojan mis labios con miel, pero no son más que sirenas, que son el reflejo de lo que quiero ver.

Camino en la tortura de mis ilusiones, soy un viajero en busca del amor, un amor que es como la lluvia que riega la hierba verde, un amor que cura y renace mi corazón moribundo.

Por eso, espero encontrarme con mi amigo en este valle solitario, entonces camino hacia ti con esta fe que no se interpone en el camino de mi cuerpo.

decimonoveno

Llévame contigo

Al mundo donde el amor es primavera

Donde los besos nunca me fallan

Donde te amo es eterno

Donde tu voz es mi melodía

Llévame contigo

Para descubrir el amor verdadero

Un amor eterno, como tu sonrisa

Un amor sincero, como tus manos

Un amor claro, como tus ojos

Llévame contigo

Hacia una noche de placer. Una noche, donde vemos el amanecer

Una noche de estrellas divertidas

Una noche inolvidable e inolvidable

Llévame contigo

en buenos tiempos

Tan bueno como un brillante día soleado

Bueno como los días de verano sin dolor

Bueno y honesto como nuestro amor

solo llevame contigo mi amor .

el vigésimo

Aquí están mis palabras esperándote

Beber y emborracharse

Saben pronunciarse

En tu nombre

Un laberinto en el que me pierdo

Todavía recuerdo el poema que escribí.

Una canción que me gusta llevar entre mis labios

Para gritar te amo por siempre.

veintiuno

Tu voz es un hermoso poema...

Para mi alma frágil

Desesperado por amor, te amo

Como el dolor que apreciamos.

gracias a la nostalgia

Has regresado de las profundidades del pasado...

Oh mi amor blanco y lejano

Te adoro como lotos

Dicen que la memoria se desvanece

Pero, ¿cómo puedo olvidar?

Tu voz, una voz que era muy suave

¿Por favor dime que tú también me amas?

vigesimo segundo

Tu alma tenía la blancura de grandes lirios en aquellos días

Que el canto de los vientos barra las piedras de la tierra

El amor era todavía un misterio para ti

Y tu santa honestidad se hundió en las arrugas

En el momento en que la luna de austeridad perfora el cielo

Te vi, te amé, no podría decirte eso

Cosiste los ojos de tu juventud en mis ojos

Un resplandor de claridad pura y romántica.

Tu frente está roja... no te atreves a decir

Y la vacilante confesión, en un suspiro febril, La has obligado desde tu corazón a vagar por tus labios, Donde la recogí en el primer beso.

Vigésimo tercero

Me formas, dibujas las líneas de mi ser, como un escultor en el trabajo, nunca dejas de trabajar conmigo, con tus palabras, con tus manos, con tus caricias, con tus besos, con tu amor.

Eres el mar que muere en la orilla, ola tras ola, este plan cambia la tierra y este continente cede su lugar a ese continente.

Eres el viento que juega en los árboles, un sonido familiar que sopla en el suelo, acaricia y siembra, y la naturaleza despierta y florece en el corazón de este viento mágico en una nueva estación.

Eres mi reina, me amas a pesar de todo y cuando ya no me amo, cuando ya no veo mis defectos,

Te conviertes en ese noble señor, siempre fiel.

Corrí por el valle bendito

Estaba abrumado por los rayos dorados del sol.

Crucé miles de mares

Para llegar a las siete puertas

A veces me perdía en una multitud

Pero sentí el poder de tu amor

Siempre me atrae hacia ti.

¿Podemos sobrevivir juntos?

Porque este mundo es un lugar violento.

Pero con mucho gusto aprovecho esta oportunidad para decir que

Eres el único al que amo por siempre

Me detuve y vi el cielo vacío arriba

Un cementerio con una pareja recién enterrada

La nube oscura de la soledad vaga

Luego vino una brisa fresca

Sentí tu dulce voz y tu divina fragancia en ella

Así te vi en un mar de rosas

En un capullo floreciente

en la luz del sol

En un viento fragante

Y luego en todas partes

De repente hubo color y música en el ambiente.

Un ángel estaba haciendo polvo mágico

Mi corazón saltó

Ella es una diosa divina, tenía miedo de tocarla.

Él había encendido una luz para mí

Pero yo era el que quemaba todo el tiempo

Su voz llenó mis oídos vacíos,

Sus ojos mágicos arden en mi corazón

Su brillante sonrisa creó un aura en mí.

Las llamas que arden en mi corazón

Ahora se han convertido en pétalos acariciantes.

Tomé mi corazón y se lo di

Y lo llevaba en el dedo.

vigésimo quinto

Mi lengua prueba los granos de sal en mis labios sudorosos

Mis pies se hunden en la arena caliente

Él mira mi sueño

el sueño me espera

El sol inmortal hace crecer mis pensamientos

Repito los versos que me escribiste con ilusion

Una noche con las estrellas

Bajo la estrella de verano

Volví a ver a mi amor, el pilar borracho del templo de la eternidad

Las estaciones se suceden

Y yo

Todavía creo en los fuegos artificiales del amor.

referencia

Pasión de amor de Naiem Ahmadinejadfarsangi

Esto es amor loco de Naiem Ahmadinejadfarsangi

En el camino del amor de Naiem Ahmadinejadfarsangi

Printed by Books on Demand GmbH, Norderstedt / Germany